PÉTITION

D'URGENCE

A

LA CHAMBRE DES PAIRS,

SUR

L'INHABILETÉ DE LA CHAMBRE ACTUELLE DES DÉPUTÉS A VOTER UTILEMENT LA LOI, ET SUR LA NÉCESSITÉ DE L'ÉLECTION IMMÉDIATE D'UNE CHAMBRE NOUVELLE QUI REMPLISSE LES CONDITIONS CONSTITUTIONNELLES ET LÉGALES;

Par M. Sarran.

« La Chambre des Députés sera composée des députés » élus *par les Colléges électoraux.* »

CHARTE CONSTITUTIONNELLE, art. 35

« La loi ne dispose que pour l'avenir; elle n'a point » d'effet rétroactif. »

CODE CIVIL, art. 2.

CETTE PÉTITION A ÉTÉ DÉPOSÉE LE 13 JANVIER, ET ENREGISTRÉE SOUS LE N°. 25.

PARIS.

DELAFOREST, LIBRAIRE, PLACE DE LA BOURSE,

RUE DES FILLES SAINT-THOMAS, N°. 7.

1827.

RÉSUMÉ
DE LA PÉTITION.

Le pétitionnaire demande à la Chambre qu'il lui plaise de s'abstenir de toute délibération concurremment avec la Chambre actuelle des Députés, et de présenter au Roi une humble Adresse, à l'effet d'obtenir de Sa Majesté la convocation des Colléges électoraux, pour l'élection d'une autre Chambre, en remplacement de la Chambre actuelle, inhabile à voter utilement la loi, en ce que cette Chambre est en ce moment dépouillée, de droit, de trois cinquièmes de son personnel, d'après la législation qui a présidé à sa formation en 1823.

A LEURS SEIGNEURIES

LES PAIRS DE FRANCE.

NOBLES PAIRS,

PROFONDÉMENT convaincu du vice radical dont se trouve frappée la Chambre des Députés, en ce moment dépouillée, de droit, de trois cinquièmes de ses membres, en vertu de la législation qui, en 1823, a présidé à la formation de son personnel, j'ai à la fois usé d'un droit, et rempli un devoir, en démontrant, jusqu'à l'évidence, dans une publication récente (1), l'inhabileté de cette Chambre à concourir utilement à la confection des lois, et le danger qu'il y aurait pour la France à laisser subsister plus longtemps cette monstrueuse illégalité.

J'avais pensé que cette démonstration serait suffisante pour atteindre le but que je m'en proposais, et qu'une Chambre des Députés, signalée avec juste raison comme étant irrévocablement privée, dans la majorité de ses membres, de la condition la plus essentielle à son existence politique, c'est-à-dire du mandat électoral qui seul

---

(1) Dans l'écrit ayant pour titre : LE MAL ET LE REMÈDE, et portant pour épigraphe : DOMINE, SALVUM FAD REGEM !!!

Cet écrit, dont la deuxième édition est sous presse, se trouve chez Delaforest, libraire, rue des Filles-Saint-Thomas, n°. 7; prix : 3 fr.

Il est bon de faire observer que si, dans cette pétition, on a dû se borner à parler, seulement sous le rapport de la question de droit, de la nécessité de remplacer la Chambre des Députés actuelle, dans *le Mal et le Remède*, où d'ailleurs tous les autres dangers de la France sont signalés sans ménagement, cette nécessité de dissoudre de fait une Chambre, qui l'est de droit, est envisagée tout à-la-fois sous le double rapport du droit et du fait, c'est-à-dire que la Chambre actuelle des Députés y est démontrée, non seulement comme n'ayant pas le droit de faire, mais encore comme faisant mal ce qu'elle fait.

fait le député, ou s'empresserait de se retirer, ou bien serait dissoute par le Roi, à la suite d'avertissemens qui seraient donnés à Sa Majesté par le ministère responsable.

Mais l'opinion que j'ai émise à ce sujet, par la voie constitutionnelle de la liberté de la presse, n'ayant pas obtenu le résultat convenable, il ne me reste plus, Nobles Pairs, que l'exercice du droit de pétition auprès de Vos Seigneuries, afin de rendre efficaces mes observations sur l'impuissance politique de la Chambre actuelle des Députés, et sur la nécessité de la remplacer par une autre qui remplisse les conditions constitutionnelles et légales.

Au moment où la Chambre des Députés antérieure à la Chambre actuelle a été dissoute, et où par conséquent les colléges électoraux qui ont élu cette dernière ont été convoqués, la constitution de la Chambre des Députés était régie par une législation qu'il est indispensable de rappeler.

L'article 37 de la Charte, qui était alors dans toute sa force et avec toute son autorité, est conçu en ces termes :

« Les députés seront élus pour cinq ans, et
» de manière que la Chambre soit renouvelée,
» chaque année, par cinquième. »

A l'appui de cet article, le classement des séries avait été positivement réglé, et l'ordre dans lequel les renouvellemens devaient avoir lieu parfaitement établi.

Voici comment s'était formé cet ordre de choses.

En 1816 eurent lieu, pour la première fois, des élections, conformément aux dispositions de l'artice 37 de la Charte, déjà cité.

Ces élections avaient été générales, de sorte qu'il devenait indispensable, dès la première session, de régler l'ordre des séries dont jusque-là on n'avait eu nullement besoin de s'occuper.

Ce fut dans ces circonstances que parut l'ordonnance suivante du Roi, en date du 27 novembre 1816, quelques jours après l'ouverture de la session.

« LOUIS, etc.

» En examinant la composition actuelle des
» séries des départemens anciennement établies,
» nous avons reconnu que depuis que les pro-
» vinces autrefois réunies à la France en ont
» été distraites, le nombre des départemens et
» celui des députés y sont répartis d'une manière
» inégale et confuse, et qu'il était nécessaire de
» les disposer dans un meilleur ordre, en sorte
» que, chaque année, un nombre égal de dépar-
» temens eût à choisir un nombre égal de députés;

» Voulant aussi que les départemens qui com-
» posent chaque série soient alternativement ap-
» pelés à renouveler le cinquième des membres
» de la Chambre des Députés, de manière qu'ils
» puissent nous faire connaître, chaque année,
» les nouveaux besoins et les vœux de toutes les
» parties du Royaume, nous avons jugé utile
» que deux départemens limitrophes ne fus-
» sent pas appelés la même année à procéder
» aux élections;

» A CES CAUSES,

» Sur le rapport de notre ministre au dépar-
» tement de l'intérieur,

» Nous avons ordonné et ordonnons ce qui
» suit :

» Article 1er.—Les quatre-vingt-six dépar-
» temens du Royaume sont divisés en cinq séries,
» conformément au tableau annexé à la présente
» ordonnance.

» Art. 2.—Il sera fait, pendant la session de
» 1816, un tirage au sort pour déterminer l'or-
» dre dans lequel les cinq séries des départe-
» mens seront appelées à renouveler leurs dé-
» putés.

» Art. 3. — Les cinq séries ne prendront
» leur numéro d'ordre qu'après le tirage au sort.
» La série qui sortira la première sera la pre-

» mière renouvelée ; les autres le seront succes-
» sivement, selon l'ordre de leurs numéros.

» Art. 4.—Notre ministre est chargé, etc.

» *Signé* LOUIS.

» *Contresigné* LAINÉ. »

En accomplissement des obligations imposées par cette ordonnance, complément de l'article 37 de la Charte, et sur l'invitation expresse du ministre de l'intérieur, la chambre, dans la séance du 22 janvier 1817, s'empressa de procéder publiquement au tirage des séries, que le sort classa de la manière suivante :

Série n°. 1. — Alpes (Hautes-), Côte-d'Or, Creuse, Dordogne, Gers, Hérault, Ille-et-Vilaine, Indre-et-Loire, Lozère, Loiret, Meuse, Oise, Orne, Rhin (Haut-), Rhône, Seine, Deux-Sèvres;

Série n°. 2.—Ain, Alpes (Basses-), Corrèze, Finistère, Gard, Indre, Landes, Loire, Manche, Moselle, Nièvre, Nord, Saône (Haute-), Sarthe, Seine-et-Marne, Tarn-et-Garonne, Vendée;

Série n°. 3.—Aisne, Allier, Arriége, Cantal, Charente-Inférieure, Corse, Doubs, Eure-et-Loir, Isère, Marne (Haute-), Mayenne, Morbihan, Pyrénées (Basses-), Rhin (Bas-), Seine-Inférieure, Tarn, Vaucluse, Vienne;

Série n°. 4.—Ardennes, Aube, Aude, Bouches-du-Rhône, Cher, Côtes-du-Nord, Drôme, Eure, Gironde, Loire (Haute-), Lot, Maine-et-Loire, Pyrénées (Hautes-), Saône-et-Loire, Somme, Vienne (Haute-), Vosges;

Série n°. 5.— Ardèche, Aveyron, Calvados, Charente, Garonne (Haute-), Jura, Loir-et-Cher, Loire-Inférieure, Lot-et-Garonne, Marne, Meurthe, Pas-de-Calais, Puy-de-Dôme, Pyrénées-Orientales, Seine-et-Oise, Var, Yonne.

Il s'établit donc pour le renouvellement de la Chambre par cinquième un mouvement de rotation, d'après lequel,

Les députés de la série n°. 1 durent être renouvelés comme effectivement ils le furent, après cette même session de 1816;

Ceux de la série n°. 2, après la session de 1817;

Ceux de la série n°. 3, après la session de 1818;

Ceux de la série n°. 4, après la session de 1819;

Ceux de la série n°. 5, après la session de 1820;

Ceux de la série n°. 1, après la session de 1821;

Ceux de la série n°. 2, après la session de 1822;

Ceux de la série n°. 3, après la session de 1823.

Et, par conséquent, au moment où les dernières élections générales eurent lieu sous l'empire de cette législation de la quinquennalité et du renouvellement par cinquième, réglé par l'établissement des séries,

Les colléges des départemens de la série n°. 4,

agissant dans le sens des lois alors existantes, élurent leurs députés pour un an;

Ceux de la série n°. 5, pour deux ans;

Ceux de la série n° .1, pour trois ans;

Ceux de la série n°. 2, pour quatre ans;

Ceux de la série n°. 3, pour cinq ans.

Ainsi, les députés élus par les départemens de la série n°. 4, sont légalement privés de la faculté de siéger dans le sein de la Chambre, depuis la fin de la session de 1824;

Ceux de la série n°. 5, en sont privés depuis la fin de la session de 1825;

Ceux de la série n°. 1 depuis la fin de la session de 1826;

Comme ceux de la série n°. 2, en seront privés à la fin de la présente session de 1827;

Et ceux de la série n°. 3, à la fin de la session de 1828.

Les députés appartenant aux séries n°. 4, n°. 5 et n°. 1, sont donc privés, depuis la fin de la session dernière, des pouvoirs qu'ils tenaient et qu'ils ne peuvent tenir que du mandat électoral, délivré sous l'autorité des conditions légales existantes au moment où ces mêmes députés furent élus (1).

---

(1) Dans l'écrit ayant pour titre : *Le mal et le Remède*, aux passages où il est question de l'illégalité de la

Il ne reste en conséquence, en ce moment, dans la Chambre des Députés, d'autres membres remplissant les conditions constitutionnelles et légales, que ceux élus par les colléges électoraux des séries n°. 2 et n°. 3, et les quelques députés appartenant aux trois autres séries, qui, élus en remplacement de députés décédés, l'ont été sous l'empire de la loi nouvelle de la septennalité et du renouvellement intégral.

Dans cet état de choses, la Chambre ne comptant qu'environ cent quatre-vingts députés ayant droit de délibération et de vote, les actes émanés d'une telle Chambre sont radicalement nuls :

En premier lieu, parce que la présence dans la Chambre de tant d'individus qui n'ont plus le droit d'y siéger, infirme l'action de la Cham-

---

Chambre des Députés actuelle, on est entré dans quelques détails qui sont loin d'être sans intérêt, mais qu'il eût été superflu de rapporter dans cette pétition. On se contentera de rappeler ici une observation assez remarquable, relative à M. Ravez, élu pour un an par le département de la Gironde, lequel M. Ravez, pendant les sessions de 1824, de 1825 et de 1826, a présidé, et qui, pendant la présente session de 1827, préside encore cette Chambre des Députés, dont il n'est plus membre depuis la fin de la session de 1824.

bre tout entière, puisqu'il est possible que cette action, quand elle se manifeste, ait été déterminée par la présence de ceux qui sont privés du droit de siéger;

En second lieu, parce qu'en admettant que l'intervention des cent quatre-vingts membres ayant encore le droit de siéger, exactement distincte de celle des deux cent-cinquante qui ont perdu ce droit, eût seule déterminé l'action de la Chambre, cette intervention de cent quatre-vingts membres encore investis du mandat électoral et des pouvoirs de député, serait impuissante elle-même à produire une délibération régulière et un vote valide, la présence de la majorité absolue de ses membres ayant qualité de députés, autrement dit de deux cent seize députés sur quatre cent trente, étant nécessaire pour la validité des actes de la Chambre.

Mais, dira-t-on, la loi de la septennalité et du renouvellement intégral, promulguée en 1824, a étendu généralement à sept années les pouvoirs des députés élus en 1823, pour une, deux, trois, quatre et cinq années.

Exprimer cette objection, c'est la réfuter. Comment, en effet, ce qui a été exécuté légalement en 1823, a-t-il pu être *rétroactivement* contredit par un acte législatif de l'année suivante?

Admettre la rétroactivité en matière de législation, c'est porter le trouble, la confusion et la mort dans les sources même de la vie sociale; c'est en quelque sorte établir le désordre dans l'ordre, en plaçant dans la loi qui est essentiellement conservatrice, quand elle est elle-même, quand elle consacre le droit et respecte les faits légalement accomplis, tout ce qu'il y a de plus destructeur de la sûreté des États, l'usurpation, cette puissance dévorante du fait sur le droit, n'ayant d'autres règles que les caprices du plus fort, d'autre moyen que la violence, d'autre résultat que d'ouvrir la porte à toutes les prétentions désordonnées qui viennent bouleverser la société politique.

Si j'étais moins pénétré, Nobles Pairs, du patriotisme éclairé de Vos Seigneuries, mon opinion se manifesterait avec plus de contrainte peut-être sur une disposition législative en partie votre ouvrage. La vérité que je fais entendre, au sujet d'une erreur qui ne vous est pas étrangère, n'en devient qu'un hommage plus pur offert aux éminentes vertus de la noble Chambre, placée si haut dans l'estime et dans la vénération des Français. J'en appelle donc, avec une respectueuse, mais ferme confiance, de la Chambre des Pairs entraînée dans un vote contraire aux principes d'ordre public qui l'animent, à la

Chambre des Pairs plus attentive, et jugeant, dans le calme des plus sages délibérations, l'illégalité commise. En m'exprimant sur ce sujet important, comme je l'ai fait et comme je vais le faire, je n'aurai d'autre mérite que de rappeler vos propres doctrines, Nobles Pairs, et d'en réclamer la salutaire application.

Non seulement la loi ne saurait être rétroactive sous peine des plus grands malheurs pour la société politique dont elle méconnaîtrait les droits; mais encore la loi ne peut que poser la règle à exécuter, et nullement ordonner un fait d'exécution.

Or, l'article de la loi nouvelle qui étend arbitrairement à sept années les pouvoirs de députés légalement élus un cinquième pour cinq ans, un cinquième pour quatre ans, un cinquième pour trois ans, un cinquième pour deux ans, et un cinquième pour une année, et qui, par le fait, a la prétention d'élire directement ces mêmes députés pour deux, pour trois, pour quatre, pour cinq et même pour six années, cet article d'exécution, contraire par conséquent à la nature de la loi qui dispose, mais qui n'exécute point, ordonne évidemment un fait qui ne se rapporte à aucune règle établie.

Pour qu'une élection de députés, ainsi faite

par la loi, fût régulière, il faudrait qu'une loi, et même une loi antérieure, eût déshérité les colléges électoraux de France du droit d'élire les députés, pour en investir la puissance législative; et l'on ne trouve, ni dans la Charte, ni dans les autres lois d'une date antérieure ou même d'une date postérieure à la loi nouvelle, aucune disposition qui établisse cette règle.

Le Roi qui fait la loi, et qui aussi a fait la Charte, ne s'est point réservé la faculté d'élire les députés. Cette faculté génératrice, la Charte octroyée par le Roi, ne l'attribue pas non plus à la Chambre des Pairs; elle l'a encore moins confiée à la Chambre des Députés, qui ne saurait surtout concourir à sa propre élection. Enfin ce que le Roi octroyant la Charte, ce que même, depuis la Charte, le Roi faisant la loi, ne s'est point réservé pour lui-même, et qu'également il a dénié à chacune des deux Chambres, le Roi constituant, le Roi législateur, ne l'a pas plus attribué au Roi assisté des deux Chambres.

Ce droit constitutionnel de l'élection de la Chambre des Députés, immuable à l'égal des autres droits les plus sacrés, reste exclusivement conféré aux colléges électoraux de France, comme une des conditions essentielles inhérentes au mécanisme de notre gouvernement, où il a été jugé utile que l'un des grands corps qui assistent le monarque pour la confection des lois, celui que la prévoyance constitutionnelle a plus spécialement préposé à la libre manifestation des besoins de la masse, émanât invariablement de l'élection populaire.

La seule règle à suivre en cette matière se trouve donc, avec toute l'autorité qui est propre à une disposition fondamentale non révoquée, dans l'article 35 de la Charte, ainsi conçu :

« La Chambre des Députés sera composée des » députés élus par les colléges électoraux dont » l'organisation sera déterminée par les lois. »

Cette règle ainsi existante, on pourrait à la rigueur la changer ; mais l'on n'a pu et l'on ne pourrait l'enfreindre, que par usurpation : et l'usurpation peut bien produire un fait qui soumette ; mais elle ne crée aucun droit qui oblige.

Il faut bien le dire : jusqu'à ce que la règle établie soit changée (et je ne sais comment on pourrait la changer sans de notables inconvéniens), le Roi, ou pour mieux dire, le ministère responsable qui conseille les actes de la Couronne, la Chambre des Pairs et la Chambre des Députés, soit séparément, soit d'une façon collective, n'ont pas plus la faculté d'élire légitimement un député, que les colléges électoraux n'auraient le droit de nommer un Roi, ou même de faire un Pair de France.

Ces courtes réflexions, desquelles il serait facile de déduire ici une foule de conséquences déterminantes, suffiront, je n'en doute pas, pour démontrer efficacement à Vos Seigneuries, que les députés ne tenant utilement leurs pouvoirs que du mandat électoral, et les colléges électoraux étant seuls habiles à conférer légitimement ce mandat, trois cinquièmes environ des individus qui siégent actuellement dans la Chambre des députés appartenant aux séries n°. 4, n°. 5 et n°. 1 qui, sous l'empire de la législation en vigueur lors des élections générales en 1823, n'avaient droit d'élection que pour un an, pour deux ans et pour trois ans, sont de droit privés de la qualité et des pouvoirs de député, à savoir, ceux de la série n°. 4 depuis la fin de la session de 1824, ceux de la série n°. 5 depuis la fin de la session de 1825, ceux de la série n°. 1 depuis la fin de la session dernière; et qu'ainsi la Chambre actuelle des Députés, légalement dégarnie en ce moment de la majorité de ses membres, dont la présence est nécessaire pour la validité de ses votes, radicalement viciée elle-même, doit frapper de mort, dans cette session plus essentiellement encore que dans les deux sessions précédentes, les actes à la confection desquels elle persisterait à contribuer.

Vous jugerez, Nobles Pairs, combien il est urgent d'arrêter dans son cours un mal aussi grave, et d'épargner à l'avenir le danger des plus fatales récriminations sur la validité des actes les plus élevés; actes qui ne seraient pas véritablement des lois, de quelque nom d'ailleurs qu'on eût jugé à propos de les revêtir.

Vous penserez sans doute qu'en un point aussi important, et dans des circonstances aussi imminentes, il vous conviendra, Nobles Pairs, de prendre, dans le plus bref délai possible, les mesures suivantes, que j'ose réclamer de Vos Seigneuries, au nom des principes violés et de l'ordre public troublé par cette violation; au nom des dangers dont la sainteté des lois méconnue à la source même des lois, menacerait le repos de notre chère patrie et la sûreté de son gouvernement.

Ces mesures consistent à ce qu'il plaise à Vos Seigneuries :

1°. De s'abstenir de toute délibération législative en présence et dans le contact de la Chambre des Députés actuelle, dont le concours pour la confection des lois, avec l'état de nullité légale dont cette Chambre se trouve frappée, ne saurait produire que des actes illégitimes et nullement de véritables lois ;

2°. De présenter au Roi une adresse dans laquelle, par les motifs exposés dans cette pétition et par tous les autres motifs que pourront suggérer à Vos Seigneuries la gravité du mal et la nécessité d'y apporter un prompt remède, Sa Majesté soit humblement suppliée de dissoudre de fait la Chambre des Députés actuelle, qui l'est de droit, en convoquant les colléges électoraux pour l'élection d'une nouvelle Chambre qui remplisse les conditions voulues par les lois existantes au moment de son élection.

La France est accoutumée aux actes les plus honorables et les plus conservateurs de la noble Chambre des Pairs, « cette portion *essentielle* » de la puissance législative, » selon la Charte. La France devra encore à os Seigneuries, dans cette occurrence délicate, mais impérieuse, le bienfait du Roi, qui doit la sauver des plus grands périls, en la délivrant d'une législature tronquée, produisant des actes pompeusement décorés du nom de lois, imposés de fait comme des lois, et, de droit, dépourvus du caractère sacré et de l'autorité obligatoire de la loi ; en faisant ainsi disparaître loin de ses regards étonnés un spectacle dangereux sur l'esprit de la masse et nécessairement fertile en résultats subversifs de l'ordre établi, celui de l'usurpation venant se mêler solennellement aux œuvres de la légitimité.

Je suis avec respect,

NOBLES PAIRS,

De Vos Seigneuries,

Le très humble, très obéissant
et très dévoué serviteur,

SARRAN.

Rue Vivienne, n°. 7.

A Paris, le 12 *janvier* 1827.

Imprimerie ANTHELME BOUCHER, rue des Bons-Enfans, n°. 34.

www.ingramcontent.com/pod-product-compliance
Lightning Source LLC
LaVergne TN
LVHW010018230826
846092LV00002B/882

* 9 7 8 2 0 1 6 1 7 2 7 8 0 *